AF264196

CARTOGRAPHIE DE L. BOUFFARD

LA TERRE
AVANT ET DEPUIS L'HOMME

ATLAS DU MONDE

L'UNIVERS — LE MONDE — NAISSANCE DE LA TERRE
SON REFROIDISSEMENT, SON AGE
SES GRANDES ÉPOQUES DE CRÉATION
COSMOGRAPHIE
GÉOGRAPHIE PHYSIQUE

LE MONDE AVANT L'HOMME

Formation du Monde, hypothèse des astronomes
La Terre comme globe céleste, son refroidissement
Composition de la croute de la Terre
Ages relatifs des principales couches de la pellicule terrestre
Gisement des principaux minéraux
qu'elles contiennent
Grandes époques de création de la vie organique
L'Homme

PARIS

AU BUREAU CENTRAL   Chez BASSET
Passage des Princes, N° 7   *Éditeur*
Boulevart des Italiens   **Rue de Seine Saint-Germain, N° 33**

1863

L'Auteur se réserve le droit de traduction.

PARIS. — TYPOGRAPHIE ERNEST MEYER, RUE DE VERNEUIL, 22.

INTRODUCTION

La science, qui a pour objet la description de la Terre, est nommée :

GEOGRAPHIE.

Il y a trois manières d'étudier notre planète :

1º Comme globe céleste, dans ses rapports avec l'Univers ; la science qui s'occupe de cette étude est nommée :

COSMOGRAPHIE.

2º Comme globe terrestre, dans sa forme extérieure, dans sa composition et dans ses produits ; on nomme la science qui étudie la terre à ce point de vue :

GÉOGRAPHIE PHYSIQUE.

3º Comme le séjour de l'homme, dans ses rapports avec son existence, son industrie, son histoire, ses mœurs, ses lois, ses richesses et sa puissance ; la science qui enseigne la géographie à ces points de vues multiples est nommée :

GÉOGRAPHIE POLITIQUE.

Il résulte tout naturellement de cet ordre de choses que la Géographie doit considérer la terre à ce triple point de vue, et embrasser dans son ensemble, non-seulement tous les grands phénomènes de la nature, mais aussi tous les faits moraux qui peuvent intéresser l'humanité.

Aujourd'hui on n'a plus guère le temps de lire, chacun est emporté par le mouvement de l'industrie et du travail ; il faut apprendre vite, et autant par les yeux qu'avec l'intelligence ; la Géographie, comme nous la comprenons, doit avoir autant de planches que de texte : la planche donnant l'image d'un fait ou d'un phénomène, le texte en donnant l'explication.

Elle doit être accessible à tout le monde, à toutes les bourses et à toutes les intelligences ; elle ne doit contenir ni chiffres savants, ni discussions, ni théories ; les faits seuls reconnus, vérifiés et admis par la science, doivent y trouver place ; ce doit être un tableau de la terre avec ses formes, ses productions et ses phénomènes rendus sensibles par des *images*.

La Cosmographie s'occupera des rapports de la terre avec le système solaire dont elle fait partie, et avec l'univers; elle donnera une idée de l'origine de la terre, de sa température primitive, de son refroidissement, de son âge et des grandes époques de la création successive de la vie organique; elle expliquera les saisons, l'inégalité des jours et des nuits, les parallèles, les latitudes, les longitudes, les éclipses, etc.

La Géographie physique s'occupera de la description de notre globe et des principaux phénomènes terrestres; elle indiquera les traits caractéristiques de chacune des parties de la terre et des mers; la zone des vents alisés, des marées, des tremblements de terre, des volcans, des courants des mers, des pluies périodiques ou autres, et des causes de ces phénomènes; elle donnera l'explication des climats, isothermes, isothères, isochimènes, etc., etc., et la distribution de la végétation, des animaux et des hommes, à la surface de la terre, etc.

La Géographie politique doit être le bilan de l'humanité; elle doit inventorier toutes les forces morales et matérielles, toutes les richesses naturelles, agricoles, industrielles ou commerciales, en un mot toutes les productions de la race humaine; elle embrasse donc toutes les forces vives et inertes de l'humanité divisée par peuples; elle doit être l'image ou le tableau du monde humain pris dans toute son existence.

Mais cette richesse, cette puissance, cette vie, dont nous voyons les effets aujourd'hui, ne datent pas seulement d'hier. Toutes ces ressources morales ou matérielles sont des économies faites par nos pères, elles ont un passé qui les explique et fait comprendre le présent; la Géographie politique devra donc aussi s'en occuper, mais d'une manière très-sommaire et seulement pour indiquer la chaîne des événements qui ont conduit, pour ainsi dire par la main, chaque peuple à son état actuel de prospérité ou de dégradation.

Il est facile de comprendre que notre publication ne peut être une géographie savante, elle n'est qu'un résumé très-resserré de nos lectures; notre ouvrage n'a pas la prétention de faire faire un progrès à la géographie, mais seulement de vulgariser des connaissances utiles, éparses dans des ouvrages coûteux et rares.

Rien dans ce travail ne nous appartient en propre, si ce n'est l'ordre et la distribution des matières, et la forme dans laquelle elles sont présentées.

Tel est le plan, telle est la base de notre travail.

L. BOUFFARD.

Janvier 1863.

LE MONDE AVANT L'HOMME

Dieu est le principe de tout, il est l'origine et la fin des choses ; tout émane de lui et tout retourne à lui ; il est le point initial d'où tout sort et le point final où tout arrive.

Il est le grand incréé et le grand mystérieux, la grande âme et la grande intelligence du monde ; il est la vie universelle qu'il soutient, qu'il renouvelle et modifie sans cesse ; jamais il ne sera donné à l'homme de le connaître ni de le comprendre : Dieu est inabordable à la raison humaine ; elle ne peut que constater des phénomènes, qui ne sont autres choses que les manifestations de son existence.

On divise son domaine en quatre partie :

1° Le Temps,
2° L'Espace,
3° La Vie générale,
4° La Matière.

Le temps est éternel et comme l'espace il n'a point de limites ; il n'a ni commencement ni fin.

La vie générale et la matière sont éternelles, mais limitées ; la matière est perceptible aux sens, elle peut être vivante ou non vivante.

Ces quatre parties du domaine de Dieu sont partagées en deux grands empires de la nature :

L'Empire inorganique,
L'Empire organique.

L'Empire inorganique est sans fonds et sans limite, c'est l'univers pris dans la plus grande acception de ce mot ; il est composé de l'étendue et de toutes les multitudes d'étoiles qui y sont errantes.

On divise cet empire en deux règnes, qui sont :

Le Règne éthéré,
Le Règne minéral.

Le *règne éthéré* comprend l'espace dans lequel flottent les astres.

Le *règne minéral* est composé de tous les corps bruts non vivants : des astres, des pierres et du sable, de la terre et de l'or, du diamant et du fer, de l'eau et de la vapeur, etc.

L'Empire organique est composé de tous les êtres organisés ; tout ce qui a vie appartient à cet empire, le végétal aussi bien que l'animal, aussi bien que l'homme.

On divise cet empire en trois règnes ou royaumes.

Le Règne végétal,
Le Règne animal,
Le Règne humain.

Le *règne végétal* est organisé, animé, sensible.

Le *règne animal* est organisé, animé, sensible et intelligent.

Le *règne humain* est organisé, animé, sensible, intelligent et progressif.

Les êtres organisés vivent, se reproduisent, durent comme individus et se perpétuent comme espèce.

Le minéral ne vit pas et ne sent pas.

Le végétal vit et sent, mais il ne pense pas.

L'animal vit, sent et pense, mais il ne progresse pas ; il est stationnaire.

L'homme vit, sent, pense et progresse.

Ce sont quatre termes en progrès les uns sur les autres, et qui désignent quatre grandes divisions qui ne peuvent être confondues.

L'Univers.

On entend par l'univers l'ensemble de tous les corps qui existent dans l'espace, que ces corps soient lumineux par eux-mêmes, comme les étoiles fixes et notre soleil, ou qu'ils soient obscurs comme la lune et les planètes, bien que ces dernières paraissent lumineuses par la réflexion de la lumière qu'elles empruntent au soleil.

On se sert généralement du mot monde pour désigner notre système planétaire.

La science la plus élevée, l'imagination la plus audacieuse restent confondues devant la profondeur de l'immensité sondée à l'aide de nos calculs ; par delà le monde stellaire appréciable à notre vue, nos lunettes nous font découvrir des étoiles nébuleuses, elles présentent l'aspect d'un petit nuage blanchâtre ; les unes se décomposent en une infinité de petites étoiles, pendant que d'autres laissent seulement apercevoir des points condensés et lumineux entourés d'une matière diffuse, comme si des étoiles nouvelles se trouvaient encore en voie de formation dans ces profondeurs reculées de l'immensité.

Et chaque fois que l'homme a étudié l'espace à l'œil nu ou avec des lunettes progressivement plus puissantes, il a toujours découvert de nouvelles étoiles et de nouvelles nébuleuses distribuées dans l'étendue à des distances de plus en plus grandes.

L'observation du ciel n'a pas donné moins de quarante millions d'étoiles fixes ou de soleils pour le catalogue qu'en ont dressé les astronomes.

Tous ces soleils sont très-inégalement disséminés dans l'étendue ; ici on les voit réunis par plus de vingt mille dans une surface égale à la dixième partie de la grandeur apparente de la lune, pendant qu'à côté, dans une superficie égale, on ne découvre aucun point lumineux.

Toutes ces étoiles fixes, comme notre soleil avec son cortége de planètes, se meuvent dans l'espace : le mouvement de l'une de ces étoiles a été calculé être de quatre-vingts kilomètres par seconde de temps (20 lieues), plus de 6,800,000 kilomètres par 24 heures.

L'univers est infini, le mouvement et la vie sont partout ; tous les astres, sans exception, sont animés d'un mouvement de translation qui leur est propre, et comme ce mouvement est inégal en vitesse, il devra amener avec le temps une modification dans l'aspect des constellations dont les étoiles se trouveront confondues.

La lumière qui parcourt trois cent huit mille kilomètres par seconde (le jour a 86,000 secondes), met huit minutes dix-huit secondes pour nous arriver du soleil ; elle mettrait trois années et demie pour nous arriver de l'étoile fixe la plus voisine de notre soleil, laquelle est située à 35 mille milliards de kilomètres de cet astre ; elle mettrait trente ans pour nous arriver de l'étoile polaire.

Pour traverser la grande nébuleuse, qu'on nomme la voie lactée, la lumière mettrait plus de 2,000 années.

On a calculé que la lumière des dernières nébuleuses aperçues par l'œil de l'homme à l'aide des plus puissantes lunettes, de celles qui sont les plus reculées dans les profondeurs de l'espace, et que le grand télescope d'Herschell a fait découvrir, mettrait près de deux millions d'années pour arriver jusqu'à nous.

A un observateur qui serait placé sur une étoile de ces nébuleuses lointaines, la voie lactée, que la lumière met plus de deux mille années à traverser, n'apparaîtrait que comme un point dans l'immensité.

Quel est le passé de l'univers ? sous quelle forme s'est-il montré avant sa manifestation actuelle ? quel était son principe de vie? quelles sont les métamorphoses ou les évolutions que la vie et la matière ont subies avant l'époque actuelle? Jamais la raison humaine ne pourra résoudre ces questions; si haut qu'elle puisse remonter dans le passé, elle arrive toujours à l'inconnu, au divin, à Dieu, origine et principe de toutes choses.

Selon l'hypothèse des astronomes, il y a des millions d'années, la matière vaporisée de notre monde actuel était partout dans l'espace : étoiles, soleils, terre, roches, végétaux, animaux et l'homme, tout était à l'état gazeux.

Par une cause quelconque restée inconnue, l'homogénéité du grand tout est rompue; le phénomène de l'attraction se produit et la condensation commence; la matière vaporisée se précipite en se divisant par centres divers et elle entraine avec elle le calorique latent qu'elle contenait.

Ce phénomène produit de grandes vitesses, de grandes pressions et de grandes combinaisons chimiques; la chaleur disparaît de l'espace et se produit dans la matière concentrée où elle se développe avec une intensité capable de fondre et de volatiliser tous les éléments.

Dès lors le calorique fit ressort contre la pression, et il commença son rayonnement dans l'étendue.

Ainsi, dans l'origine, la matière chaotique est partout; une cause inconnue la divise par masses; puis au centre de ces masses naissent quelques noyaux brillants, germes d'étoiles ou de soleils qui vont venir; la concentration continué, la matière nébuleuse disparaît et se transforme en fluide, l'étoile ou le soleil est formé.

Avec le temps, les masses nébuleuses primitives allant toujours en se concentrant, se disloquèrent de nouveau en divers groupes et donnèrent naissance à ces millions de soleils ou d'étoiles semées dans l'espace.

Dans ces temps lointains, lors de la formation de tous ces mondes, la matière, qui forme notre système solaire, n'était point concentrée ni agglomérée comme elle l'est aujourd'hui; elle formait une masse nébuleuse avec la voie lactée dont elle ne fut séparée que par une dislocation nouvelle.

Notre système solaire fut lancé dans l'espace avec sa vie et sa condition d'être particulière, et à son tour il forma une nébuleuse à part, s'étendant bien au delà de la limite actuelle du monde planétaire.

Cette nébuleuse fut à son tour concentrée; un point incandescent, fluide et lumineux, apparut à son centre; le mouvement de rotation de toute la nébuleuse augmente avec la condensation et il amène de nouvelles dislocations qui donnent naissance aux germes des planètes, qui plus tard composeront notre système solaire.

Les lois de la nature sont simples et logiques; le mouvement uniforme de nos planètes et dans le même sens indique qu'une cause unique, irrésistible et commune a plié tous les mouvements de notre monde et lui a imprimé un caractère général qu'on retrouve partout.

Planètes et satellites, tous tournent sur eux-mêmes et autour d'un centre commun dont ils paraissent avoir été détachés.

La concentration de chaque nébuleuse en diminuant le volume accroît la vitesse de rotation du centre commun; cette vitesse cesse d'être en rapport avec la force de gravité, l'équilibre est rompu, l'harmonie entre ces deux forces est détruite, un anneau formé de la matière extérieure de la nébuleuse se détache de la masse totale, c'est l'embryon d'un soleil nouveau et plus tard d'une planète.

L'eau que lance la meule d'un rémouleur ou la roue d'une voiture dans leurs vitesses de rotation, peut nous donner une idée de la manière dont la matière a pu se détacher de la nébuleuse par suite du mouvement accéléré de rotation du centre.

Les anneaux détachés des centres par une rupture quelconque ont formé des sphères, par suite de la propriété attractive de chacune des parties de la matière qui lui donne une tendance à se réunir en centres et à tomber les unes vers les autres.

Ces sphères ont continué leur circulation autour du corps central et dans le même sens que lui.

Ainsi, notre lune, notre terre, notre soleil et nos planètes, ne sont que des nébuleuses concentrées par le refroidissement et l'attraction, et arrivées d'abord à l'état fluide et brillant, puis solide et obscur, le soleil excepté.

Notre système solaire n'est donc que le résultat d'une suite de concentrations qui ont amené autant de ruptures qu'il y a de planètes, en commençant par les plus éloignées du soleil et en finissant par les plus rapprochées de cet astre.

Ce sont ces concentrations et ces dislocations diverses qui l'ont réduit à ses dimensions actuelles.

Nos planètes alors ignées et fluides occupaient des espaces bien plus considérables qu'aujourd'hui; et à leur tour elles créèrent de la même manière et par ces mêmes phénomènes, les petites sphères qui devinrent leurs satellites.

Dans l'origine, tous les globes étaient lumineux par eux-mêmes, et ce n'est que par la suite du temps et par un refroidissement successif qu'ils devinrent opaques et obscurs comme aujourd'hui.

Notre soleil, centre de notre système planétaire et seul globe lumineux par lui-même de tout ce système, doit-il passer à l'état solide et perdre sa lumière comme la terre? doit-il se cristalliser et se refroidir? en émettant sa lumière et sa chaleur dans l'espace doit-il perdre l'une et l'autre?

Dans l'état actuel de la science, la raison ne saurait comprendre qu'un corps quelconque pût émettre toujours de la chaleur sans se refroidir, à moins qu'il n'ait une cause inconnue qui reproduise incessamment son calorique perdu par le rayonnement.

Ces questions sont insolubles quant à présent.

Cependant, par analogie, on doit admettre que le soleil perd de sa chaleur : toutes les planètes distribuées dans le ciel ont perdu la leur; toutes tentent, par le rayonnement, à équilibrer leur température avec celle de l'espace; toutes sont arrivées à leur état opaque et obscur par le refroidissement.

Pourquoi n'en serait-il pas de même pour le soleil?

Le refroidissement a dû être proportionnel à la masse ou au volume des globes; les satellites se seront cristallisés avant leurs planètes et les petites planètes avant les grosses, dans des conditions semblables.

La chaleur que le soleil émet en une minute est égale à celle qui serait nécessaire pour faire fondre une couche de glace d'environ douze mètres d'épaisseur (11^{m}80) étendue à la surface du soleil lui-même; et en une année il ferait fondre une épaisseur de glace de six mille kilomètres dans les mêmes conditions.

La terre n'émet chaque année qu'une quantité de calorique suffisante pour fondre seulement une couche de glace de six millimètres et demi appliquée à sa surface.

Il faut donc admettre que tous les corps célestes se refroidissent lentement et graduellement, le soleil comme les autres, à moins, comme nous l'avons dit, qu'il n'ait une cause incessante de reproduction du calorique perdu.

<hr>

La Terre comme globe céleste, son refroidissement.

Vers cette époque reculée, au moment où les planètes solaires furent créées en se séparant du soleil, et lancées dans l'espace, la terre n'était encore qu'à l'état fluide; sa surface n'était qu'une mer incandescente, enflammée, lumineuse et sans limite, rayonnant incessamment dans l'étendue et lui cédant lentement une partie de sa chaleur.

Alors, beaucoup de matières, solides aujourd'hui, étaient à l'état de gaz invisibles, comme l'eau de la mer, comme toutes les matières de la vie organique et comme certains métaux; puis le refroidissement arrivé à un certain degré, quelques morceaux solides flottèrent sur la mer ignée, comme les premiers glaçons flottent sur nos fleuves; la matière incandescente et fluide devenait solide par le refroidissement, comme le plomb, le fer, la fonte et la cire à cacheter passent de l'état de fusion à l'état solide par un abaissement de température.

D'abord ces masses refroidies, coagulées, flottantes, furent rares et petites; puis, avec le temps, grandes et multipliées sur la surface de notre globe, et enfin, en se rapprochant et en se multipliant toujours par un refroidissement continuel et sans arrêt, ces masses finirent par se souder et par enfermer la partie ignée du globe, comme de nos jours les glaces emprisonnent les eaux de nos lacs et de nos rivières. La première pellicule terrestre était formée; dès ce moment elle fit écran, et le rayonnement n'eut plus la même puissance.

Cette pellicule s'opposa à la perte de la chaleur centrale de la terre ou du fluide igné qu'elle enveloppait ; l'espace voisin de notre globe où tant de matières étaient à l'état de gaz, n'étant plus échauffé avec la même puissance par le rayonnement de notre planète se refroidit ; l'abaissement de la température transforma les gaz invisibles en vapeurs minérales, puis en nuages sombres, ardents, pleins d'électricité, roulant autour de la terre, où ils durent occasionner d'épouvantables tempêtes.

Un nouvel abaissement dans la température de l'espace amena la précipitation de toutes ces vapeurs sous forme de pluies de minéraux en fusion. A ces vapeurs et à ces pluies succédèrent les vapeurs aquatiques, lesquelles, à leur tour, par un refroidissement nouveau furent transformées en eaux bouillantes ; ces eaux qui apparaissent dans le monde pour la première fois chargées de sel et d'acides, se précipitent de tout leur poids sur l'enveloppe terrestre encore peu consolidée, et elles commencent les premières dégradations de la pellicule de notre globe qu'elles ne cesseront plus d'attaquer, et elles déposent les premières formations des roches sédimentaires.

Cette lessive bouillante, en tombant par torrents sur la surface de la terre incandescente, l'attaque chimiquement et physiquement, la désagrège et la disloque ; mais en rencontrant par des fissures la chaleur centrale, elle est de nouveau combinée avec elle et vaporisée ; établissant ainsi un mouvement de va et vient ou de circulation incessante entre les hauteurs de notre atmosphère et la terre.

Qui oserait dire combien de fois, depuis le commencement du monde, toutes les eaux répandues sur notre globe se sont ainsi élevées pour retomber à sa surface ?

Le refroidissement s'étant continué, la chaleur du globe ne put vaporiser toutes les eaux ; les soulèvements et les effondrements subis par la croûte terrestre avaient formé des bas fonds dans lesquels l'eau s'écoulait par la loi de la pesanteur, et qu'elle tendait à combler ; des continents, des mers, des lacs et des fleuves furent formés ; fleuves immenses qui ont continué les premières dégradations de la surface terrestre et facilité la formation incessante de nouvelles roches sédimentaires.

Cette circulation sans repos des eaux dans les airs et des airs sur la terre dont les pluies d'aujourd'hui ne sont qu'un très-faible exemple, était une cause permanente et puissante de modification ; les effets durent en être prodigieux dans les premiers âges du monde, alors que toutes les eaux de la terre étaient incessamment soulevées par la chaleur, condensées par les froids de l'espace et ramenées sur la terre par torrents de lessive brûlante.

Comme nous venons de le voir et comme nous le verrons encore mieux dans les différentes époques de la vie de la terre, tout est altération dans le monde ; il n'y a rien d'immuable, tout est vicissitude, tout se transforme, naît, vit et meurt, dans l'espace comme sur la terre.

En l'année 389 une étoile apparaît pour la première fois aux yeux des hommes ; elle brille pendant trois semaines, puis elle s'éteint et disparaît pour toujours.

Depuis cette époque le même phénomène s'est représenté bien des fois à nos observations ; et dans un temps plus moderne, à notre époque même, depuis seulement sept ans, on a vu disparaître six étoiles dans la seule constellation des Poissons, trois dans celle du Capricorne, quatre dans celle du Taureau, etc., etc. ; quelques autres perdent leur éclat comme si elles allaient s'éteindre ou disparaître, pendant que d'autres sont aperçues pour la première fois.

La terre est isolée dans l'espace comme les étoiles et comme notre satellite, la lune ; elle a été fluide et brillante par elle-même comme toutes les étoiles fixes et comme le soleil, centre de notre système planétaire ; et comme ce dernier nous éclaire et nous réchauffe, la terre a éclairé et réchauffé son satellite, la lune, refroidi bien avant elle ; puis elle a perdu par le rayonnement dans l'espace sa température et sa lumière ; elle s'est éteinte, et elle a cessé de briller comme les étoiles que nous venons de voir disparaître de notre ciel.

La terre est donc un soleil éteint qui s'est cristallisé et dont la surface est devenue solide et opaque par le refroidissement.

Aujourd'hui la terre n'est brillante et lumineuse que par une lumière empruntée ; comme la lune et comme toutes les autres planètes qui nous apparaissent comme des étoiles errantes, elle réfléchit les rayons solaires qui éclairent tout le monde planétaire.

Et comme tous ces astres, la terre roule dans l'immensité ; rien ne peut tomber en dehors d'elle, rien ne peut la quitter sans y revenir aussitôt, selon les lois de la pesanteur et de l'attraction terrestre ; toutes les parties qui composent la terre ont une tendance à tomber vers son centre.

Les mesures prises à sa surface et calculées par nos géomètres ont fait connaître qu'elle n'était pas parfaitement ronde, que c'était un corps sphéroïdal, légèrement aplati vers les deux pôles et renflé vers l'équateur ; que ce globe avait un diamètre plus petit que l'autre.

Cet aplatissement de la terre est dû à la force centrifuge produite par le mouvement de rotation diurne de notre planète, et il démontre sa fluidité primitive. L'observation a encore fait connaître que la pesanteur va en diminuant des pôles vers l'équateur terrestre, et que la densité va en augmentant de la surface de notre planète vers son centre ; les différentes matières dont notre globe est composé ont donc des poids spécifiques ou des densités croissantes : c'est l'application de la loi qui fait surnager les corps les moins lourds à la surface de ceux qui le sont le plus, comme l'huile, le liége, le bois surnagent sur l'eau.

Preuve nouvelle qu'il faut reconnaître la fluidité primitive de la terre.

A une certaine profondeur, au-dessous de la surface du sol, la température de la terre est invariable ; elle reste la même pendant toute l'année, dans l'été comme dans l'hiver.

Le point où l'on rencontre cette invariabilité marque toujours la température moyenne annuelle de la localité ; à ce point, l'influence de la température centrale de la terre cesse, ainsi que celle de la température atmosphérique.

La profondeur où l'on rencontre cette invariabilité de la température est modifiée et changée avec la latitude et avec la composition de l'écorce terrestre, qui peut être plus ou moins bonne conductrice du calorique ou de la chaleur extérieure ou centrale de la terre. Dans les pays tempérés, pour la rencontrer il faut descendre à une profondeur de 25 mètres, et à seulement 33 centimètres dans les contrées équinoxiales.

A partir de la couche limite de l'invariabilité de la température, que l'on soit dans les zones glaciales, tempérées ou torrides, la température varie continuellement, soit qu'on s'approche de la surface du sol, soit qu'on descende vers le centre de notre planète.

Elle augmente toujours à mesure que l'on descend à de plus grandes profondeurs ; cette augmentation n'est pas régulière, elle est soumise à la plus ou moins grande conductibilité des roches, elle varie avec cette conductibilité.

Cette augmentation est due à la chaleur centrale de la terre.

La variabilité qui existe au-dessus de la couche invariable vers la surface de notre planète est due à la température extérieure, c'est-à-dire aux saisons qui l'affectent, tantôt en plus, tantôt en moins, selon la conductibilité des roches de la localité, et selon la température des saisons qui n'est pas toujours la même.

Plus nos caves approchent de la couche invariable de température, meilleures elles sont ; celles qui sont placées dans la couche invariable ont même température pendant tous les jours de l'année ; et cette température est la moyenne annuelle de la localité.

Nous avons dit que la plus ou moins grande conductibilité des roches faisait que l'accroissement de la température n'était pas régulier à mesure que l'on pénétrait dans les entrailles de la terre ; il a été trouvé de un degré centigrade pour quinze, pour trente, pour cinquante et même pour soixante mètres de profondeur.

A Paris, la température moyenne annuelle à la surface du sol est de 10°8 au-dessus de zéro du thermomètre centigrade ; et la couche de température invariable s'y rencontre généralement à 24 mètres de la surface du sol.

Les caves de l'Observatoire de Paris ont cette profondeur et leur température est de 10°8 pendant toute l'année.

Les eaux jaillissantes des puits artésiens de Saint-Ouen, près Paris, viennent d'une profondeur de 66 mètres et leur température est de 12°9 ; c'est une augmentation de température de 1°05 par 21 mètres de profondeur au-dessous de la couche invariable.

Les eaux du puits de Grenelle, dans Paris même, sortent d'une profondeur de 505 mètres; elles ont une température de 26°43; l'augmentation est de un degré pour 30 mètres de profondeur.

On connaît des sources naturelles jaillissantes dont la température des eaux atteint 100° et même plus; c'est le degré nécessaire pour faire entrer l'eau en ébullition; ces eaux doivent sortir d'une profondeur qui peut varier de trois à quatre mille mètres.

Les Chinois ont fait des puits artésiens qui donnent de l'eau bouillante; l'eau de ces puits, comme celle de toutes nos sources thermales, sont chauffées par la chaleur centrale de notre planète.

La chaleur va donc en augmentant à mesure qu'on s'enfonce davantage et qu'on descend à une plus grande profondeur vers le centre de la terre; on admet généralement pour cette augmentation une moyenne d'un degré centigrade pour chaque 33 mètres de profondeur.

En supposant que cette progression se suivit jusqu'au centre de la terre, sans trouble et sans modification, on aurait :

    A un kilomètre de profondeur. . . .   41°1
    A dix kilomètres. . . . .   313°8
    A cinquante. . . . .   1,525°8
    A cent. . . . .   3,040°8
    A mille. . . . .   30,310°8

Et enfin, au centre de la terre, on aurait l'énorme température de près de 200,000° (192,909°).

Cette température de l'intérieur de la terre que nous lui connaissons encore aujourd'hui a dû, pendant un bien long temps, faire ressort contre la pesanteur, c'est-à-dire contre la tendance qu'ont tous les corps à tomber vers le centre de notre planète, et amener, avec d'autres causes extérieures, de terribles révolutions, surtout dans les temps où la pellicule terrestre, peu consolidée, ne pouvait offrir la résistance qu'elle oppose aujourd'hui par sa solidité et son épaisseur qu'on estime être d'environ 50 à 60 kilomètres.

C'est à toutes ces convulsions que notre planète a éprouvées que nous devons sa forme actuelle : ses plaines, ses montagnes, ses fleuves, ses mers, ses continents et ses déserts.

La terre, telle que nous la connaissons, ne s'est point formée tout d'un coup; ses variations, ses irrégularités, ses inégalités et la composition de la croûte même de la terre sont dues à des révolutions successives, qu'on nomme soulèvements, affaissements, dépressions et dépôts, dont la science a établi la succession chronologique.

Aujourd'hui encore il n'y a point de stabilité ni de repos pour la terre; l'eau et le feu sont les deux agents les plus puissants et les plus actifs de la modification qu'elle éprouve dans sa forme extérieure; viennent ensuite les phénomènes atmosphériques, et enfin l'homme qui, par son industrie et son travail, la modifie incessamment dans son aspect.

Les eaux et le feu, séparément ou combinés, peuvent encore produire des révolutions terrestres partielles; les continents actuels peuvent s'affaisser, d'autres peuvent surgir du fond des mers, sans rien changer à l'équilibre de notre planète; ce serait un changement de forme extérieure qui n'ajouterait rien ni ne diminuerait rien de la masse de la terre : notre globe ne peut ni perdre, ni gagner.

L'accroissement des mers ou des terres n'est qu'une chimère, aussi bien que leur décroissance; ce sont des idées fantastiques sans réalité; la matière se déplace ou se transforme, voilà tout ! elle ne saurait diminuer ni augmenter; en effet, d'où viendrait à notre globe une augmentation de matière? où irait celle perdue ou diminuée, puisqu'il est isolé dans l'espace?

Tous les siècles, tous les temps, toutes les époques ont vu de ces transformations, et l'histoire a consigné dans ses annales plusieurs de ces perturbations : ce sont des montagnes qui s'affaissent et disparaissent dans des gouffres souterrains, ne laissant d'autres traces de leur existence qu'un lac ou une mer qui les ont remplacés; une plaine de la Hollande s'affaisse et la mer de Harlem la remplace; une autre plaine du Mexique se soulève, et les volcans du Jorullo apparaissent pour la première fois et s'élèvent à la place occupée jadis par la plaine.

Les mers elles-mêmes ont vu des îles volcaniques surgir de leurs fonds et s'élever au-dessus de leurs niveaux à une époque contemporaine.

En dehors de ces mouvements brusques et rapides, il existe encore des modifications et des changements considérables, lents, peu remarqués, parce qu'ils ne sont pas suivis de cataclismes; les terres se soulèvent et les mers paraissent s'abaisser. Ainsi, de nos jours, les terres septentrionales de la Suède et de la Finlande s'élèvent lentement au-dessus du niveau des mers; elles entraînent le soulèvement du fond du golfe de Bothnie, dont la profondeur de l'eau diminue; mais l'équilibre est rétabli par l'abaissement graduel et progressif des terres méridionales de la Suède.

C'est un déplacement et non un amoindrissement.

Les eaux peuvent être évaporées et disséminées en vapeurs dans les hauteurs de notre atmosphère; mais elles reviennent sous forme de pluies dans leurs réservoirs naturels. Après avoir pénétré et fertilisé le sol, elles reparaissent comme sources, rivières, fleuves et mers.

Ici encore il n'y a aucun amoindrissement.

Les zoophytes et les polypes, ces architectes microscopiques que les mers nourrissent en si grande abondance dans leur sein, et qui bâtissent des îles nouvelles et nombreuses au milieu du grand Océan, n'ajoutent rien à la terre en bâtissant leurs demeures; ce n'est qu'une transformation de la matière existante qu'ils opèrent et rien de plus.

Ces animaux imperceptibles s'assimilent les matières que l'eau, dans sa course à travers le sol, lui a dérobé et qu'elle tient en dissolution; ils utilisent ces matières et les transforment selon leurs instincts, et elles deviennent corail, coquille, écaille, arêtes ou os, selon les circonstances et selon les animaux utilisateurs.

L'univers est pénétré d'un souffle universel qui détruit et vivifie tout en désunissant et en divisant la matière, pour la recombiner dans un autre composé avec une vitalité nouvelle. La vie embrasse toute la création à des degrés divers, et la vie générale n'est que l'ensemble des existences individuelles; elle se perpétue et se rajeunit sans cesse par elle-même; elle est universelle et éternelle comme la matière, et elle ne peut pas plus se perdre ou se détruire que cette dernière.

La loi de la nature est la vie toujours et partout : c'est la décomposition et la recomposition incessante des êtres et des choses : les débris décomposés de la végétation renaissent bois et feuilles ou animal; c'est une métamorphose et pas autre chose.

En se refroidissant, la terre a dû passer par tous les degrés de température, depuis l'état d'incandescence jusqu'à l'état actuel; elle a eu un climat ultra-tropical indépendant de la chaleur solaire; à cette époque on n'y connaissait point les zones tempérées ou glaciales, ni les saisons.

Les pôles de la terre, aujourd'hui glacés, ont eu un climat chaud; la vie organique a pu s'y établir, s'y développer et y prospérer, comme elle naît, se développe et prospère de nos jours sous la zone torride.

Tout en effet démontre à l'observateur qu'il en a été ainsi; les houilles (charbon de terre) qui ne sont que le produit d'une végétation luxuriante, fille d'une température très-chaude et humide, enfouie pendant les révolutions de la terre, se retrouvent dans toutes les zones actuelles, depuis les pôles terrestres jusqu'à l'équateur.

Nul ne saurait dire à quel moment la vie organique est apparue sur la terre, ni quelle circonstance a fait développer la série des êtres qui l'ont habitée; ni si les végétaux ont précédé les animaux?

Peut-être l'apparition des animaux et des végétaux s'est-elle produite simultanément; cependant les prodigieuses quantités de débris d'animaux marins trouvés dans les premières formations de la croûte terrestre semblent indiquer que la vie primitive s'est développée dans les mers.

Les débris organiques retrouvés et recueillis dans les formations des différents âges de la terre, permettent de suivre la lente succession des animaux et des végétaux qui ont vécu à sa surface.

Les soulèvements, les affaissements et les dépôts dont la terre offre partout des traces, nous permettent de mesurer la marche du développement de la vie organique; chaque cataclysme de notre planète, chaque catastrophe a immédiatement anéanti cette vie développée dans la circonscription où le phénomène s'est passé; et l'on retrouve fossilisé toutes les formes et toutes les traces de cette vie disparue.

Dans la nature rien n'est tranché, elle n'a rien d'absolu

tout se confond : on passe d'une époque à une autre par des nuances insensibles, en sorte qu'on peut dire que la vie d'une époque a été la préparation et l'introduction à la vie de celle qui a suivi; chaque époque contiendra donc quelques rudiments de celle qui l'a précédée et de celle qui suivra; elle-même sera caractérisée par les espèces animales ou végétales, nouvelles dans le monde, dont elle contiendra les débris.

Quel est l'âge de la terre? La réponse à cette question dépend des préjugés et des superstitions de ceux qui sont chargés d'instruire les hommes ou qui ont un intérêt à faire admettre un âge plutôt qu'un autre (1).

Aux yeux de la nature, le temps est comme l'espace, sans borne ni limite, et la matière éternelle; chacun peut choisir pour la terre l'âge qui lui conviendra le mieux. Qu'est-ce que quelques années de plus ou de moins en face de l'éternité? On ne peut déterminer que l'âge relatif des grandes époques qu'on nomme révolutions terrestres; et ces époques n'ont commencé qu'après la formation de la croûte terrestre.

Aujourd'hui la chaleur centrale de la terre est insensible à la surface; et par conséquent, en admettant que cette chaleur fût entièrement perdue, que notre globe fût entièrement refroidi, les climats de sa surface n'en seraient pas modifiés; la température moyenne annuelle de chaque localité n'en serait pas affectée, ni leurs températures extrêmes.

Des expériences ont démontré qu'en supposant à la terre la même conductibilité qu'au fer, sa chaleur centrale n'accroîtrait pas la température de la surface du sol de plus de un quart de degré; et comme la conductibilité de la terre n'est que la neuvième partie de celle du fer, il s'ensuit que la chaleur centrale de notre globe n'élève pas la température de sa surface de plus de un trente-sixième de degré centigrade.

Dans le cas du refroidissement complet de la terre, sa température moyenne annuelle ne serait donc diminuée que de un trente-sixième de degré centigrade; cela ne changerait rien aux lois actuelles de la vie organique de sa surface.

Depuis deux mille ans la durée du jour sidéral n'a pas varié de un centième de seconde, d'où l'on conclut que le rayon du globe terrestre ne s'est pas contracté de un dix millionnième, et que, par conséquent, la masse entière de la terre ne s'est pas refroidie de un centième de degré.

D'après les calculs de Fourrier, la terre ne s'est pas refroidie de un trois centièmes de degré depuis deux mille ans.

Dans les premiers âges de la vie organique de la terre qu'il a été donné à l'homme d'étudier, cette vie est peu variée, mais elle est déjà assez compliquée. Les plus anciennes couches connues et étudiées renferment des débris de mollusques et de zoophytes, lesquels, certainement, n'ont pu vivre que quand la terre et les eaux de la mer eurent été déjà assez refroidies pour permettre à la vie organique, telle que nous la connaissons, de se développer.

Alors la température devait être inférieure à 60° centigrades.

Chaque grande époque de création de la vie organique a été un progrès sur l'époque précédente ; la vie a toujours été en se développant et en s'agrandissant : de la simple existence à la pensée, de la pensée à la parole, à l'écriture et à la science.

C'est la loi du progrès.

Composition de la croûte terrestre.

La science a déchiffré les principaux âges de la terre.

Dès les premiers essais de l'homme dans l'étude de la pellicule solide de notre planète, il avait remarqué qu'elle était composée de deux terrains ou roches bien différentes; et on entend par roches ou par terrains, tous les débris terrestres, qu'ils soient en poussière, en sables, en cailloux ou par monts gigantesques, comme on les rencontre dans nos grandes chaînes de montagnes.

L'une de ces roches, ou l'un de ces terrains, puisque les deux termes sont employés indifféremment, ne contenait jamais de fossiles, l'autre en avait toujours.

(1) Un de nos savants a communiqué, à l'Académie des Sciences, le résultat de ses calculs : selon lui la formation de la première pellicule solide de la terre, par le refroidissement, remonterait à 98,000,000 de siècles.

On avait encore remarqué que le terrain qui ne contenait jamais de fossiles servait de base à l'autre dans beaucoup d'endroits, et qu'il existait par masses considérables; on a pris ce fait pour la règle.

Comme ces terrains sont d'un seul bloc, sans fentes ni fissures bien profondes, et imperméables à l'eau, on les a nommés *roches de cristallisation*; elles sont d'origine ignée et formées par le refroidissement.

Les roches cristallisées ne contenant aucun fossile ni cailloux roulés, ont été considérées comme ayant été formées avant l'apparition de la vie sur la terre; on les a nommées *roches primitives*, ou *terrain primaire*.

Les roches ou les terrains contenant des fossiles ont été nommés *terrains secondaires*, parce qu'on les supposait formés en second lieu après les roches primitives.

Bientôt une observation plus attentive fit reconnaître dans bien des lieux que le primaire s'alternait avec le secondaire; la roche où l'on avait cru reconnaître ce mélange fut nommée *terrain de transition*. On pensait que ce terrain transitoire commençait les roches secondaires et terminait le terrain primaire; on en a fait une époque particulière.

Une observation plus complète fit reconnaître dans les roches secondaires deux espèces de fossiles : les uns, ceux les plus rapprochés de l'époque primaire s'éloignaient beaucoup des animaux de l'époque présente; les autres, au contraire, ressemblaient et se rapprochaient beaucoup des animaux existant de nos jours.

Les roches qui contenaient ces derniers fossiles furent nommées *terrains tertiaires*; on en fit l'époque ternaire.

Depuis on a encore créé une quatrième époque : *la quaternaire*; elle comprend la formation des alluvions anciennes et modernes.

Rien de fixe ni de bien déterminé ne séparait ces roches ou ces époques; leurs limites furent toujours vagues et flottantes.

Aujourd'hui, des observations mieux faites et plus approfondies ayant démontré que les roches primaires ou cristallisées étaient mêlées à tous ces terrains, secondaires, tertiaires et même quaternaires, qu'elles étaient non-seulement apparues à toutes les époques, mais qu'on les voyait encore apparaître de nos jours sous nos yeux; on a dû renoncer dans le langage scientifique à toutes ces appellations, qui ne désignaient plus rien de réel ni de vrai, les roches primitives, la première pellicule refroidie de la terre nous étant entièrement inconnue.

La croûte terrestre n'est plus composée que de trois espèces de roches : les roches cristallisées formées par le refroidissement; il s'en forme encore de nos jours; les roches stratifiées ou sédimentaires, ainsi nommées parce qu'elles sont formées par le dépôt des sédiments que les eaux tiennent en suspension, et disposées par couches horizontales ou par strates; et enfin les roches métamorphiques qui sont le produit du phénomène nommé métamorphisme; ce phénomène consiste dans la modification des roches sédimentaires par le contact d'une matière ignée produisant une grande chaleur; c'est ainsi que la craie a pu être changée en marbre, expérience qu'on peut répéter dans un laboratoire.

Parmi les roches cristallisées le granit est celle qui s'offre avec la plus grande abondance; elle occupe de très-grands espaces dès les premiers dépôts sédimentaires que nous connaissons, et leur sert très-souvent de bases; mais il est impossible de distinguer les masses qui ont été soulevées de celles qui peuvent avoir passé à travers de longues fentes rencontrées dans les terrains sédimentaires, et qui sont venues s'intercaler par épanchement entre les couches stratifiées; en sorte qu'on ne peut affirmer si les strates qui posent dessus sont le produit des premiers dépôts, ou s'il n'y en a pas au-dessous de l'épanchement qui leur soient antérieures.

En général, on peut considérer les mots : terrain primitif comme étant synonyme de roches cristallisées, comme le granit ou les autres roches de la même apparence.

Comme nous l'avons déjà dit, les premières roches cristallines sont le résultat du refroidissement; elles se sont formées comme la glace se forme sur nos rivières et sur nos lacs; plus tard elles sont sorties fluides du sein de la terre, comme aujourd'hui encore les laves sortent des volcans.

Les roches granitoïdes sont apparues dès les premiers

dépôts sédimentaires; elles ont continué d'apparaître jusque après le dépôt du terrain jurassique; dès l'époque silurienne, on voit apparaître des porphyres, des diorites et des serpentines. Le porphyre traverse même le terrain houiller en filons, qui vont jusqu'aux grès bigarrés; le basalte n'apparaît qu'à l'époque de la craie, et il traverse tous les dépôts sédimentaires jusqu'à l'époque actuelle (Pl. 1, *coupe idéale*); le trachyte n'arrive qu'après le basalte; les plus anciens sont dans le calcaire parisien.

Les principales roches cristallines sont : le granit, la siénite, le gneiss, leptinite, micachiste, hyalomicte granitoïde, euphotide, diorite, dolérite, basalte, trachyte, phonolite, porphyres, schistes, etc., et généralement toutes les roches volcaniques.

Les tremblements de terre et les phénomènes qui les accompagnent ont donné une première indication sur les moyens employés par la nature pour former les inégalités d'altitudes ou de hauteurs qu'on est obligé de reconnaître sur la terre.

Ceux de la Calabre, dans l'année de 1783, ont bouleversé toute la partie méridionale de l'Italie : les cours des rivières furent changés, des champs furent soulevés, d'autres furent abaissés au-dessous de leur niveau primitif; des vallées furent fermées par des éboulements ou des soulèvements formidables, et les eaux supérieures accumulées faute d'écoulement brisèrent leurs barrières et produisirent des inondations effrayantes en s'ouvrant de nouvelles routes.

Au Chili, on a vu des phénomènes encore plus extraordinaires : les côtes de l'Amérique furent soulevées sur une étendue de près de 900 kilomètres, ainsi que le fond de la mer, à une grande distance des côtes; dans l'Inde, en 1819, on vit s'élever une colline de 100 kilomètres de long sur 30 de large au-dessus du niveau de la plaine où coule l'Indus, pendant qu'à côté, d'autres contrées furent abaissées.

Tous ces soulèvements et ces affaissements sont des faits acquis à la science, reconnus et vérifiés de nos jours.

En examinant les terrains soulevés du fond des mers, on les a reconnus chargés de coquilles marines qui avaient suivi le fond sur lequel elles étaient au moment où le phénomène s'est passé, comme la végétation d'une plaine affaissée avait suivi le sol sur lequel elle se développait lors de son effondrement.

En reconnaissant que nos hauts plateaux et nos plus hautes montagnes contiennent de grands dépôts d'animaux marins à l'état fossile, il fallut supposer ou que la mer s'était élevée jusqu'aux altitudes occupées par ces fossiles, ou que les montagnes qui les recélaient avaient surgi du fond des mers?

Comme dans les temps modernes on a vu d'importants soulèvements qui ont changé des plaines en montagnes élevées, comme le Jorullo, au Mexique, ainsi que différentes îles dans les mers, soit subitement, soit graduellement, on a été amené à conclure que toutes nos grandes chaînes de montagnes ont été formées par des soulèvements successifs.

Les preuves de ces soulèvements s'accumulèrent avec une telle abondance par l'observation de la croûte terrestre, qu'aujourd'hui ils sont devenus une certitude scientifique.

Nous avons vu que la croûte terrestre que nous habitons est composée de trois espèces de roches, et qu'on entend par roches la terre labourable, aussi bien que le sable, que l'argile, que le rocher :

Les roches cristallines, y compris les roches volcaniques; les roches sédimentaires ou stratifiées; et enfin les roches métamorphiques, comme les schistes, les marbres, les jaspes, etc.

Les roches cristallines, en continuant leur formation jusque dans les temps modernes, ont soulevé, disloqué, traversé et pénétré les terrains sédimentaires et cristallisés qui leur servent de bases; elles se sont introduites entre les parois des uns et les couches des autres qu'elles ont séparées, comme on le voit sur la *Pl. 1, coupe idéale*, en P, P.

C'est ce contact incandescent qui a modifié et transformé le terrain sédimentaire en roches métamorphiques, et la végétation engloutie en charbon de terre.

Aux roches cristallisées appartient la première pellicule refroidie de la terre, les terrains sédimentaires n'ont pu commencer à se former qu'après un refroidissement suffisant pour que l'eau put rester liquide à la surface de notre planète sans être entièrement vaporisée.

La première roche sédimentaire a dû nécessairement être déposée sur cette roche primitive, et elle a dû être formée par le dépôt des débris arrachés à cette roche et entraînés par les eaux qui les tenaient en suspension.

L'origine et la composition des premières roches cristallisées et des premières roches sédimentaires nous sont inconnues; elles sont encore un mystère pour nous. Celles que nous connaissons, parmi les roches sédimentaires, contiennent des débris de la vie organique, et cette vie n'aurait pu vivre et se développer dans la température que devait avoir la mer à ces époques primitives.

Nous ne connaissons bien qu'une série de terrains successifs dont on a déterminé l'âge relatif.

Ages relatifs des principaux dépôts

En général, les roches cristallisées servent de base aux roches sédimentaires.

Tout terrain ou toute matière tenue en suspension par les eaux est déposée par couches horizontales et parallèles; en sorte que si la croûte terrestre n'avait subi aucune catastrophe, les couches des roches sédimentaires déposées, qui constituent en grande partie la pellicule de la terre, seraient concentriques, et la dernière formée envelopperait toutes les autres dans l'ordre chronologique de leur formation.

Et toutes ces couches seraient elles-mêmes enveloppées par l'eau de la mer, qui couvrirait tout le globe d'une couche liquide de mille mètres d'épaisseur, et il n'y aurait ni terres visibles, ni animaux terrestres, ni genre humain.

Pour que la vie soit apparue telle que nous la connaissons, il faut donc que l'enveloppe solide de la terre ait subi des dislocations considérables; il faut qu'elle ait éprouvé d'épouvantables catastrophes qui ont soulevé certaines de ses parties au-dessus des eaux et qui en ont effondré d'autres.

Un ballon ou une vessie mal gonflée d'air, peut nous donner en petit l'image des révolutions que la terre a éprouvées : qu'on mette le doigt sur le ballon ou sur la vessie en l'appuyant, on détermine un creux, c'est une mer qui se forme; qu'on porte le doigt sur une autre partie, on produit le même effet, mais le premier creux formé disparaît; il s'est soulevé, et en se soulevant il a déversé l'eau qu'il contenait dans le creux nouveau qui lui a succédé.

Donc, toute couche inclinée a été dérangée, soulevée ou affaissée par une cause quelconque.

Si au pied de la butte soulevée (A, *fig. 1*, Pl. I) il existe des couches horizontales (B), on en conclut avec raison que le soulèvement a eu lieu avant le dépôt resté horizontal, puisque ce dernier est resté tel que les eaux l'avaient formé.

C'est par les couches inclinées des terrains sédimentaires que la preuve des révolutions terrestres est faite et que toutes les inégalités extérieures de la terre s'expliquent; ces couches ou ces stratifications sont comme les assises d'un mur qui aurait été bâti avec des pierres de tailles différentes pour chaque assise et qui resteraient comme des témoins certains, non-seulement du mouvement ou du repos du sol inférieur sur lequel le mur ou les couches sédimentaires reposent, mais encore de la place que ces assises ou ces couches occupaient dans la hauteur du mur ou dans l'épaisseur de la croûte terrestre.

Dans la croûte terrestre les fossiles remplacent la différence des pierres de notre mur; on peut du reste se passer de la spécialisation de nos pierres comme on peut se passer des fossiles pour déterminer l'âge relatif des terrains formant l'écorce terrestre.

On connaît vingt-sept couches sédimentaires, qu'on a nommées étages; l'écorce terrestre est donc composée de vingt-sept étages. Si ces étages étaient toujours superposés les uns au-dessus des autres, et dans le même ordre, il n'y aurait aucune difficulté à déterminer leur âge; mais il n'en est jamais ainsi.

C'est tantôt une couche et tantôt une autre qui se montre à nos yeux; quelquefois c'est toute une série de couches qui apparaît composée d'un nombre plus ou moins considérable d'étages; ici encore si les couches étagées se trouvaient toujours dans le même ordre, rien n'embarrasserait pour la détermination de l'âge de ces étages; mais l'observation a constaté qu'on ne rencontrait presque jamais une série considérable de couches rangées dans leur ordre chronologique : tantôt c'est une ou plusieurs couches intermédiaires qui manquent, tantôt ce sont les premières couches qui sont absentes de la série.

On a remarqué que les schistes calcaires apparaissaient toujours sur les roches cristallisées, et que d'un autre côté ces schistes, là où on les rencontrait, étaient toujours à la base des autres terrains sédimentaires. On a conclu que les schistes étaient les premiers strates formés par dépôt, sur une roche incandescente, au fond d'une mer bouillante, et que ce dépôt éprouva une espèce de fusion au moment de la formation, qui en fit une roche métamorphique; son âge et le milieu où les schistes se sont formés expliquent pourquoi ils ne contiennent jamais de fossile : la vie organique n'était pas née lors de leur formation.

Quand sur la roche cristalline apparaissent les schistes calcaires seuls, il faut conclure que la roche cristalline a été soulevée aussitôt la formation du schiste accomplie. (*Fig.* 2, pl. 1.)

Si au contraire on trouve superposées les couches du schiste calcaire, du schiste charbonneux, du vieux grès rouge et du calcaire carbonifère, on en conclura que le soulèvement s'est fait beaucoup plus tard, lorsque tous ces terrains eurent été déposés au fond des mers. (*Fig.* 3, — B.)

Il arrive très-souvent qu'un des dépôts ou même plusieurs manquent et interrompent la série; le schiste charbonneux manquera par exemple seul (*Fig.* 4), ou avec le vieux grès rouge (*Fig.* 5, *pl. I*); dans le dernier cas le calcaire carbonifère repose sur le schiste calcaire; et dans les deux hypothèses les premiers schistes ont été soulevés avant la formation du schiste charbonneux et du vieux grès. Après la formation des roches qui manquent, ce soulèvement s'est affaissé au-dessous des eaux. La *figure* 4, effondrée la première, a reçu une couche de vieux grès rouge; la *figure* 5, effondrée après la formation de ce grès, a reçu la roche carbonifère, ainsi que la *figure* 4, restée sous les eaux.

Comme nous l'avons déjà dit, on ne trouve nulle part la série des terrains sédimentaires dans leur ordre chronologique; ce n'est qu'en combinant une quantité considérable d'observations qu'on est arrivé à l'établir telle que nous la connaissons.

Ainsi, dans le cas que nous citions tout à l'heure, on avait remarqué que là où le grès rouge et le calcaire carbonifère étaient réunis, le vieux grès était toujours au-dessous du calcaire carbonifère; on a conclu qu'il était antérieur au terrain carbonifère; que là où les deux schistes étaient réunis, le schiste charbonneux était toujours au-dessus de l'autre; il était donc d'une formation plus nouvelle, puisqu'il avait été déposé sur le premier; on avait encore remarqué que là où le vieux grès se trouvait réuni avec le schiste charbonneux, le vieux grès formait toujours la couche supérieure. On conclut qu'il avait été déposé sur le schiste et qu'il était plus moderne.

C'est à l'aide de tous ces points de repère combinés qu'on est arrivé à déterminer l'âge relatif de toutes les couches sédimentaires dont l'écorce de la terre se compose.

C'est ainsi qu'il est facile de comprendre que les terrains de l'époque silurienne peuvent avoir été soulevés au-dessus des eaux avant et pendant la formation du terrain carbonifère, puis effondrés et précipités au fond des mers au moment de l'époque triassique et pénéenne; alors ces derniers terrains reposeront directement sur les roches siluriennes, toutes les autres roches intermédiaires manqueront à la série. (*Fig.* 6 *pl.* 1.)

La terre végétale ou arable appartient aux alluvions modernes; elle est composée des débris de toutes les roches composant l'écorce terrestre, et elle est caractérisée par les débris des terrains qui dominent dans sa composition.

Sous la ville même de Berlin, il existe une couche de terre végétale, d'une épaisseur d'environ dix mètres, elle est composée d'animaux vivants, dans la proportion de 96 pour cent d'animaux infusoires à carapaces siliceuses, et de 4 pour cent de terre; ils naissent, vivent et se propagent dans leurs demeures souterraines sans lumière, et se meuvent selon leurs besoins. Ils ont souvent compromis la solidité des monuments de la capitale de la Prusse.

On connaît aussi plusieurs terres comestibles : quelques-unes ne sont que des tripolis; d'autres sont des débris d'infusoirs d'eau douce; d'autres sont des argiles. La terre comestible de Chine est blanche, légère et grasse; celle mangée par les Otomaques dans l'Amérique, et dont elle est la principale nourriture, est une argile grasse dont ils consomment 7 à 800 grammes par jour pour apaiser leur faim; elle est considérée comme un très-bon aliment nullement nuisible à la santé. Au Pérou on mange une argile à odeur agréable; dans la Bolivie l'argile comestible se vend au marché; à la Guyane on la mélange avec du pain; l'habitant de la Guinée assaisonne son riz avec une argile onctueuse; Java, Siam, la Nouvelle Calédonie et le Kamtschatka ont des argiles comestibles.

Principaux minéraux; leurs gisements ordinaires

Maintenant qu'on comprend et qu'on a vu par nos figures comment on est arrivé, à l'aide de nombreuses observations, à déterminer l'âge relatif de chacune des couches sédimentaires qui composent en grande partie l'écorce terrestre, nous allons réunir les grandes époques de la vie organique dans leur ordre chronologique en les supposant rassemblées les unes au-dessus des autres (*Pl.* I et II) sans interruption, et indiquer les principaux minéraux que les couches de ces grandes périodes contiennent.

On sait que les mines sont des matières minérales, formant des filons, des amas ou des couches à travers toute l'écorce de la terre.

Le platine et l'or ne sont jamais rencontrés qu'à l'état natif.

Le **Platine** est le corps le plus lourd; c'est un métal gris plomb, inaltérable et infusible; il ne peut être attaqué qu'avec l'eau régale; il se soude avec lui-même, comme le fer, à la chaleur blanche.

On le rencontre avec l'or et les diamants dans des dépôts sédimentaires qui se relient aux roches cristallines, la diorite et la serpentine, dont ils ne sont que des débris.

L'Or, corps très-lourd, d'un beau jaune, métal fusible et très-ductile; on le trouve souvent allié avec l'argent; on le rencontre en paillettes, en pépites, en lames minces, etc. N'est attaqué que par l'eau régale.

On le trouve avec le platine et les diamants dans des alluvions, dans des filons de quartz, et dans des sables aurifères que charrient certaines rivières.

Argent, métal blanc qui a le privilége, avec l'or et le cuivre, de servir de monnaie aux peuples civilisés; il est ductile et fusible; les acides végétaux ne peuvent l'attaquer.

On en connaît des masses d'une grande richesse aux bases des terrains sédimentaires, et des filons très-remarquables dans les roches cristallines qui leur sont voisines; on le rencontre souvent avec des sulfures de plomb.

Mercure. A la température ordinaire c'est un métal fluide; on le rencontre près des roches cristallisées, jusque vers la partie moyenne des roches sédimentaires.

L'étamage des glaces se fait avec un amalgame de mercure et d'étain.

Cuivre. Métal d'une couleur rouge, fusible et ductile; il est très-attaquable par les acides; on le rencontre en filons, en masses considérables ou en rognons. On l'exploite en sulfures et en cuivre natif. Ce dernier est très-abondant dans les alluvions de l'Amérique septentrionale, près du lac Supérieur.

Les sulfures appartiennent aux roches granitiques et aux schistes cuivreux.

Corindon (*rubis, saphir, topaze* et *émeraudes orientales*). On rencontre ces minéraux dans les roches cristallines ou dans leurs débris, comme le granit, le basalte, la dolomie, etc., que des torrents entraînent en les charriant dans leurs eaux.

Fer. Tout le monde connaît le fer, c'est sans contredit le métal le plus utile à l'homme. Les mines de fer sont très-communes dans les terrains de sédiment et de cristallisation; on les exploite par grands amas dans les terrains jurassiques; On rencontre le fer à tous les étages; et sous forme de limonite, jusque dans les alluvions modernes où elle est connue sous le nom de minerai de marais.

Aimant ou fer oxydé magnétique. C'est le seul fer produisant le bon acier fondu ; il appartient exclusivement aux roches cristallisées. Celui de Suède jouit d'une réputation méritée.

Pyrolusite (*améthyste*). C'est la matière qui sert à fabriquer l'eau de Javelle ; on la trouve dans les terrains sédimentaires et de cristallisation.

Étain (oxyde d'). On le trouve dans la partie basse des terrains sédimentaires, surtout dans les terrains de cristallisation, et dans certains dépôts alluviens composés de leurs débris.

Soufre. Tout le monde connaît ce minéral dont le gîte est à tous les étages de l'écorce terrestre, surtout dans le voisinage des volcans en activité.

Plomb, minéral gris, fusible ; il appartient aux roches cristallisées et sédimentaires jusqu'au lias.

Zinc. On le rencontre avec la galène à l'état d'oxyde et de sulfures. Se fond à la chaleur rouge ; au rouge blanc on peut le distiller.

Gypses (plâtre). Dans les roches cristallisées et sédimentaires jusque dans les alluvions.

Alun. On le trouve dans les lignites, les déserts et les solfatares.

Sel. C'est un minéral très-commun ; on le rencontre en solution au sein des mers, dans des lacs, dans des sources, et par grandes masses au sein de la terre. On connaît des dépôts salifères à tous les étages sédimentaires, depuis les terrains penéens jusque dans les roches ternaires.

La **Topaze** du Brésil est très-commune dans les alluviens brésiliennes provenant des terrains de cristallisation.

Diamant (*carbone, combustible charbonneux*), substance vitreuse très-dure, rayant tous les corps, douée d'un très-bel éclat et fusant au feu. On connaît des diamants noirs et opaques.

Le diamant est très-commun au Brésil dans les roches micacées et les grès supérieurs, et aussi dans les terrains d'alluvions provenant des débris de ces roches qui recèlent aussi l'or et le platine. A Bornéo on rencontre le diamant dans les débris de la serpentine avec le platine et l'or, et dans l'Inde on le trouve dans des grès ; et dans des dolomies carbonifères en Sibérie.

La quantité de diamants qui entre annuellement dans le commerce ne dépasse pas sept kilogrammes, environ deux litres, qu'on estime avoir coûté un million de francs pour les frais d'exploitation ; les diamants défectueux qui ne peuvent être soumis à la taille se vendent 160 francs le gramme.

Graphite (*plombagine*), matière douée d'un éclat métallique gris plomb, douce et tendre au toucher ; on la trouve dans les roches cristallisées ou dans les roches sédimentaires voisines.

Le graphite est employé pour la fabrication des crayons dits de mine de plomb.

Anthracite (*houille éclatante*), substance noire, quelquefois compacte, quelquefois feuilletée ou granulaire, ou même terreuse, souvent brillante et sèche ; brûlant avec difficulté et se brisant au feu par petits fragments, qui souvent empêchent la combustion par leur tassement qui intercepte le passage de l'air.

On trouve l'anthracite, soit par masses, soit par couches, dans les roches sédimentaires, surtout dans celles qui sont voisines des roches de cristallisation, dans le terrain devonien.

Houille (*charbon de terre*). C'est une matière noire brillante, brûlant facilement, dégageant une fumée épaisse et une odeur bitumineuse.

La houille a donné son nom à une partie du terrain de sédiment où on la rencontre, dans le groupe des roches carbonifères ou du terrain houiller.

On rencontre la houille par couches plus ou moins puissantes dans des grès. On connaît des gîtes qui ont jusqu'à soixante couches superposées et séparées par des matières arénacées.

On trouve encore des houilles sèches dans les terrains jurassiques, mais en dépôts bien moins considérables.

Dans le terrain houiller, on rencontre de nombreux débris de fougères en arbres et d'autres végétaux de hautes tailles, comme ceux qu'on rencontre de nos jours dans la zone équatoriale ; des conifères voisins des araucarias ont eu aussi une grande part dans cette formation.

On connaît des mines de houille au niveau de la mer (Flandre) ; d'autres sont au-dessous du fond de la mer (Whitehaven, Angleterre), cette mine s'avance à plus d'un kilomètre sous la mer et est à cent mètres au-dessous de son fond ; dans le sens de l'altitude, on en connaît qui sont exploitées à quatre mille six cent mètres au-dessus du niveau de l'Océan.

Il n'y a que les terrains de cristallisation, ou les roches sédimentaires trop modernes, qui soient totalement privées de houille.

Ainsi l'Italie, la Norwège, la Suisse et la Russie ne peuvent pas avoir l'espérance d'en rencontrer chez elles ; l'Allemagne, au contraire, l'exploite en assez grande quantité ; la Belgique, l'Angleterre, la France, sont très-favorisées sous le rapport de la houille.

La houille produit le gaz d'éclairage et le coke, par la distillation.

Les mines de houille sont sujettes à s'enflammer spontanément sous terre ; dans ce cas, la combustion est lente faute d'air suffisant, mais elle augmente et peut devenir très-violente si des crevasses s'établissent dans le sol et permettent à l'air d'activer la combustion ; dans ce cas, la chaleur calcine tout ce qui est voisin, elle change les parties schisteuses en tripoli ou elle les vitrifie, etc.

Lignite (*houille sèche*). Moins brillants que la houille, les débris végétaux qui ont composé les lignites sont tout différents de ceux qui ont produit la houille ; ils sont dus à des conifères et à des dicotylédones : on rencontre souvent des troncs de ces arbres parfaitement conservés dans les dépôts de lignites.

Leurs gîtes commencent dans les terrains qui précèdent la craie, et ils deviennent abondants au-dessus de cette roche où ils forment des dépôts importants. La France possède une grande quantité de mines de lignite.

Le *jayet*, dont ont fait des bijoux de deuil, n'est que du lignite très-compacte ; le département de l'Aude fournissait ces bijoux au commerce lorsqu'ils étaient de mode.

Bitumes, matières brunes et noires, visqueuses ou sèches, etc., qui se fondent facilement.

C'est le goudron minéral, la poix minérale, et l'asphalte avec lequel on fait nos trottoirs. Les terrains siluriens commencent à donner des bitumes, et la quantité s'en augmente à mesure qu'on avance vers les couches sédimentaires plus modernes, jusque dans les dépôts postérieurs à la craie où ils sont les plus abondants. Souvent le bitume sort de l'intérieur de la terre comme source ou avec des eaux à la surface desquelles on le recueille. La mer Morte est connue dès les temps les plus anciens par le bitume qu'on en retire et qui lui a mérité le nom de lac asphaltite.

Résines, matières qui brûlent avec une odeur fétide ou aromatique. Le *succin* ou *ambre jaune* n'est qu'une résine qui se présente sous l'aspect jaunâtre, rougeâtre ou brunâtre, opaque ou transparente ; il est employé comme ornement, pour faire des chapelets, des embouchures de pipes, etc.

On trouve l'ambre jaune sur les bords de la mer Baltique, où il est apporté par les rivières et la mer qui l'arrachent aux terres sableuses situées entre Dantzig et Memel. On le rencontre aussi dans les dépôts de lignite.

Naphte et Pétrole. Le naphte est une matière très-volatile ; il est toujours mélangé de matières étrangères qui le nuancent de couleurs différentes : dans ce cas il porte le nom de pétrole ; la France l'exploite ainsi près Pézénas. Le Parmesan et le Modénais en possèdent en assez grande quantité ; la Chine, la Perse et les bords de la Caspienne, à Bakou, en possèdent des quantités très-considérables. La ville de Parme est éclairée par le pétrole ; en Perse, de Mossoul à Bagdad, le peuple ne connaît pas d'autre éclairage que le pétrole.

Grisou. Le grisou est un gaz détonnant particulier aux houillères ; il est très-abondant et plus léger que l'air ; il se dégage continuellement des mines de houille, et quelquefois en si grande quantité que les mineurs peuvent allumer le jet qui s'échappe, comme un bec de gaz, pour s'en débarrasser.

Dans beaucoup d'endroits il se dégage à travers le sol ou à travers les eaux des marais, quelquefois seul, d'autres fois avec du pétrole, ou encore avec de l'argile et de l'eau saturée de sel marin, dans ce cas on nomme ces sources *salzes*. Si ces sources sont assez importantes pour élever des cônes avec les matières qu'elles rejettent, on les nomme *volcans de boue* ou vaseux (*Pl.* I, *coupe idéale*, O).

Lorsque ces sources sont enflammées par une cause quelconque, elles brûlent jusqu'au moment où un grand vent ou une averse vient les éteindre (*Pl.* I, *coupe idéale*, R).

C'est à ces sources qu'on doit les feux naturels et les fontaines ardentes. Au mont Chimère, dans l'Asie-Mineure, Pline indique une fontaine ardente retrouvée de nos jours ; auprès de Cumana on connaît aussi des sources enflammées, ainsi qu'au pied des Apennins, dans le Bolonais et le Modénais, ainsi qu'en Sicile ; mais c'est surtout à Bakou, comme nous l'avons déjà dit, et dans l'Hindoustan que ce phénomène est remarquable : il suffit d'y creuser le sol d'un ou de deux mètres et d'allumer le gaz qui en sort pour se procurer une fontaine ardente artificielle (*Pl.* I, *coupe idéale*, S, S).

Tous ces gaz sont en grande vénération parmi les adorateurs du feu. On vend le gaz de Bakou, lieu saint des Guèbres, on le met en bouteilles et on l'expédie dans l'Inde et en Perse aux dévots sectateurs du feu, comme chez nous on vend l'eau de la Sallette, au litre ; les autres peuples utilisent ces feux pour faire des briques, de la chaux, des poteries, et même pour faire leur cuisine.

La **Terre de Cologne**, n'est qu'un bois altéré réduit en poudre : c'est une végétation enfouie dans la terre, devenue terreuse par le dessèchement ; cette terre brûle sans flamme et sans fumée. C'est un combustible important aux environs de Cologne, où l'on connaît des dépôts de ce combustible de douze mètres d'épaisseur sur une surface d'environ cinquante kilomètres. On les doit à des conifères et à des palmiers.

Tourbe, matière brune et combustible, formée sous les eaux par l'accumulation des plantes aquatiques ; elle est encore en voie de formation dans tous nos marais. On l'exploite activement partout où elle existe ; en Hollande on n'a pas d'autre combustible.

Calcaire, matière donnant de la chaux vive par la calcination ; si elle est mélangée avec peu d'argile on la nomme marne calcaire, et marne argileuse si elle en contient beaucoup.

Dans les formations inférieures, les calcaires sont plus compactes et de couleur plus sombre.

Les *tufs calcaires* sont le produit de sources ; ils se forment encore aujourd'hui par le dépôt des sources chargées de calcaires ; les stalactites qui descendent du plafond des cavernes sont des tufs qui doivent aussi leur existence au suintement des eaux calcarifères.

Marbres. Les marbres sont des variétés de calcaires à grains fins donnant un beau poli ; il en existe partout, mais surtout depuis les dépôts jurassiques jusqu'aux terrains siluriens ; les marbres durs sont des granits ou des porphyres, les autres sont des roches métamorphiques.

Dolomie. La dolomie a de l'analogie avec le calcaire ; à l'état cristallin on la trouve dans les gîtes métallifères. Le Mexique produit les plus belles variétés. Elle existe à tous les étages, et produit de la chaux par la calcination.

Natron, substance d'une saveur urineuse caustique. On trouve le natron à la surface du sol, dans les plaines basses ou près de certains lacs : en Hongrie, autour de Debreczin ; dans la vallée des lacs de Natron en Egypte, en Arabie, dans l'Inde, etc. Cette matière couvre le sol, sur de grands espaces, d'efflorescences qui ressemblent à la neige.

Quartz, calcédoine, opale, cristal de roche, opale, silex, etc.

Quartz, matière vitreuse, transparente et opaque, non altérable au feu ; elle prend différentes couleurs par le mélange de substances étrangères ; c'est ainsi que l'améthyste qui est un quartz violet est teint par l'oxyde de manganèse que cette pierre contient.

Le quartz appartient aux roches de cristallisation avec filons qui traversent tous les terrains ; il est une partie essentielle du granit.

Calcédoine. Le silex est une calcédoine, la cornaline est une calcédoine rouge, l'agate est une calcédoine translucide, les jaspes sont des calcédoines coloriées en rouge, vert, jaune, etc. La pierre meulière, si précieuse pour faire les meules à moulins, est une variété de calcédoine.

La calcédoine est bien moins abondante dans les roches de cristallisation que dans les couches calcaires.

Serpentines, matière presque infusible, couleur variant du vert au noir. Les serpentines sont très-abondantes sur la terre. On connaît des marbres serpentins avec lesquels on fait des tables, plaques, colonnes, etc.

Argiles. Les terres labourables, fortes, franches, appartiennent aux argiles ; les argiles sont impénétrables à l'eau, elles arrêtent l'eau de pluie filtrée à travers le sol, et la forcent à ressortir à la surface comme source. C'est avec les argiles que l'on fabrique les briques, les poteries, les porcelaines, etc.

Émeraude, matière vitreuse rayée par la topaze, de couleurs variées, limpides ou opaques, appartient aux terrains cristallins, granit et gneiss ; la belle émeraude du Pérou gîte dans le schiste argileux, souvent dans les alluvions composées des débris de ces roches.

Les **Grenats** sont rencontrés dans les roches cristallisées, comme l'émeraude, et dans le trachyte, le basalte et les terrains volcaniques modernes.

Feldspath, matière aussi abondante dans les roches de cristallisation que le calcaire dans les roches sédimentaires. Le feldspath raye le verre ; il est fusible en émail blanc.

Obsidienne. Reliée au feldspath, elle est fusible, comme lui, en émail blanc.

Tourmaline. La tourmaline est plus dure que le quartz, mais moins que la topaze ; on en connaît dans toutes les couches : dans les roches de cristallisation ou dans leurs débris, comme au Brésil.

Micas (ce nom vient de micare, briller), substance se divisant en feuilles minces, élastiques et très-brillantes. Les micas appartiennent aux terrains cristallisés ; ils entrent dans la composition du granit, du gneiss, du schiste argileux, etc. Les grandes feuilles de mica sont employées comme verres à vitres ; elles sont exploitées en Sibérie. Les micas composent les poudres dorées, argentées, etc., qui sèchent l'écriture.

En dehors de tous ces minéraux, la terre contient d'immenses cavités souterraines entre les couches sédimentaires de sa pellicule solide ; l'eau s'y trouve en amas considérable et quelquefois elle s'y écoule rapidement dans des rivières souterraines, qui finissent par apparaître à la surface du sol après un cours plus ou moins long, comme on le voit aux sources du Loiret et de l'Orbe et aux fontaines de Nîmes et de Vaucluse.

Il est des contrées où l'on connaît jusqu'à sept napes d'eau souterraines, superposées les unes au-dessus des autres, entre les strates de la croûte terrestre.

Ces masses d'eau souterraines sont le résultat des infiltrations des eaux pluviales qui descendent dans ces cavités profondes, et forment des réservoirs naturels à températures variées selon la profondeur qu'ils occupent dans la pellicule terrestre.

Ces eaux reviennent à la surface de la terre, par le phénomène de la pesanteur, sous forme de sources naturelles ou artificielles, intermittentes ou perpétuelles, chaudes ou froides, selon qu'elles arrivent d'une plus ou moins grande profondeur, minérales si les eaux des sources contiennent des minéraux en dissolution.

La source est intermittente quand elle paraît et disparaît, quand elle coule et cesse de couler alternativement (*Pl.* I, *fig.* 7); la source intermittente peut s'écouler sans élancement ou avec un jet qui l'élève à une hauteur plus ou moins grande. Pour qu'une source soit intermittente il faut que son canal d'écoulement ait la forme d'un syphon B, c, D.

Quand le réservoir A B est rempli d'eau jusqu'à la ligne A, A, c, o, le liquide a rempli la première partie du canal B, C, et il descend de C en D, d'où il jaillit du sol en forme de jet d'eau par suite de la pression ; et le jet sera d'autant plus élevé que le niveau de l'eau qui le produit sera plus haut que la source ; si au contraire la source s'écoulait à la surface du sol en *o*, par la ligne *c*, *o*, elle s'épancherait comme une source ordinaire, sans jet,

Aussitôt que l'eau du réservoir est arrivée au niveau B B, la source D cesse de couler jusqu'à ce que la masse d'eau souterraine soit revenue au niveau A A C, et l'intermittence sera d'autant plus longue qu'il faudra plus de temps pour ramener l'eau à son niveau A ; de même, la durée du jaillissement de la source sera en raison du temps qu'il faudra pour amener l'eau souterraine du niveau A au niveau B.

L'homme, connaissant l'existence des eaux souterraines, est allé les chercher par les puits artésiens, et c'est avec ces eaux que, dans ces dernières années, on a fertilisé plusieurs contrées du Sahara, abandonnées des habitants par suite du manque total d'eau.

Le puits artésien est un trou de sonde vertical qui va chercher l'eau à des profondeurs plus ou moins considérables, c'est une source artificielle : la condition de ces puits est une couche arénacée, relevée partout en D D jusqu'à la surface du sol, et située entre deux couches imperméables dont la supérieure est percée par la sonde en E G. *Pl.* I, *fig.* 8.

La couche de sable D. D. absorbera toutes les eaux pluviales et se remplira jusqu'à un certain niveau B B; si on perce les couches E G qui recouvrent la nappe d'eau E, elle s'écoulera par le trou percé jusqu'au niveau B qu'elle atteint dans la couche arénacée et elle jaillira en G.

Ce qui se produit artificiellement par le puits artésien peut se produire naturellement par des fissures naturelles dans les terrains qui recouvrent les amas souterrains d'eau, comme nous l'avons indiqué dans la coupe idéale (*sources froides, thermales, puits artésiens, d'eau chaude et d'eau froide. — Pl.* I).

Grandes époques de la création de la vie organique

S'il était possible de faire un puits à travers toute l'écorce terrestre, là où toutes les couches ou étages qui la composent se trouveraient rassemblés par ordre chronologique, on les aurait dans l'ordre suivant :

Terrain quaternaire.	ÉPOQUE DU DILUVIUM.............		27 Alluvions modernes.
			26 — anciennes.
Terrain tertiaire.	ÉPOQUE SUBAPENNINES.............		25 Collines subapennines.
	ÉPOQUE DE LA MOLASSE............		24 Molasse.
	ÉPOQUE DU TERRAIN PARISIEN		23 Calcaire grossier.
Terrain secondaire.	ÉPOQUE CRÉTACÉE...............		22 Craie blanche.
			21 Craie marneuse.
			20 Craie tuffeau.
			19 Craie verte.
			18 Grès vert.
			17 Terrain des wealds.
	ÉPOQUE JURASSIQUE		16 Groupe portlandien.
			15 Groupe corallien.
			14 Groupe oxfordien.
			13 Grande Oolite.
			12 Lias.
	ÉPOQUES DU TRIAS ET PÉNÉENNE		11 Marnes irisées.
			10 Calcaire coquillier.
			9 Grès bigarré.
			8 Grès vosgien.
Terrain de transition.			7 Calcaire pénéen.
			6 Grès rouge.
	ÉPOQUE CARBONIFÈRE.............		5 Grès houiller.
			4 Calcaire carbonifère.
	ÉPOQUE SILU-BIENNE......	*Terrain Dévonien.*	3 Vieux grès rouge.
		Terrain Silurien..	2 Schistes charbonneux.
Terrain primaire.		*Terrain Cambrien.*	1 Schistes calcaires.
	ÉPOQUE DE CRISTALLISATION........		Roches cristallisées.
			Matières inconnues.

Ces étages, comme nous l'avons vu, sont le produit d'une suite de cataclysmes, de révolutions, et de dépôts qui en ont été la conséquence. Chaque catastrophe nouvelle que la terre éprouvait amenait nécessairement la destruction de la vie végétale et animale de l'époque et du milieu où le phénomène s'est passé; et les débris de cette vie primitive, retrouvés et recueillis dans les formations des différents âges de la terre, permettent de suivre la lente succession des animaux et des végétaux qui ont vécu à sa surface.

Nous avons déjà dit que, selon M. Alcide d'Orbigny, le terrain sédimentaire était composé de vingt-sept étages, qui renferment des fossiles, débris de la vie organique détruite lors des catastrophes qui ont amené les déluges qui ont formé ces étages.

Chaque révolution terrestre n'est pas nécessairement un progrès sur la précédente, mais, en définitive, le progrès est sensible et très-marqué si l'on s'attache à certains étages plus ou moins éloignés les uns des autres dans le temps; ces révolutions, ou déluges terrestres, pris dans leur ensemble, ont toujours introduit dans le monde des êtres dont la vie était d'un ordre de plus en plus élevé.

Chaque révolution a donc été un progrès, non pas qu'on ait remarqué que la vie organique générale se soit développée en s'élevant; l'observation n'a rien constaté de semblable, et, aujourd'hui encore, on connaît des animaux inférieurs, comme l'éponge, où le sentiment et la sensibilité, qui constituent le règne animal, sont à peine sensibles ; ils sont si peu appréciables que pendant un long temps l'éponge a été considérée comme un végétal.

Mais le progrès est constaté par des types nouveaux et supérieurs à tous ceux qui les avaient précédés.

Ce sont ces introductions différentes de types supérieurs dans la vie de ce monde, que nous avons désignées sous le nom d'époques principales de la vie organique.

La graine a-t-elle précédé le végétal, ou la poule l'œuf? Question oiseuse et insoluble; mais, ce qui est certain, c'est que les règnes de la vie organique n'ont eu ni père ni mère, comme on l'entend habituellement.

Ici la science s'arrête et l'intelligence trouve une barrière infranchissable, qu'elle ne peut ni expliquer ni comprendre; nous sommes arrivés au divin, à l'incompris et à l'incompréhensible, au point initial de tout, à l'intelligence suprême, illimitée, à Dieu.

Dieu est donc à la fois le père et la mère, le créateur et le soutien de la vie générale qui illumine tous les mondes.

Maintenant nous allons suivre les neuf principales époques de la vie organique de la terre, selon leur chronologie; ces époques sont les mieux caractérisées, et elles font bien comprendre à l'intelligence et saisir à l'œil la succession et le progrès de la vie sur notre planète (*Voir la Pl.* II).

1° Époque silurienne

Terrain cambrien : absence de vie organique.

A la suite d'un cataclysme inconnu, les eaux chargées de vases et de débris décomposés de la pellicule terrestre, déposent ces sédiments au fond de leurs abîmes, sur une roche brûlante qui modifie par une espèce de fusion la matière déposée, et en la dénaturant en fait des schistes; c'est le terrain schisteux qui se forme, c'est le plus ancien connu; il ne contient jamais de fossiles, sa formation est donc antérieure au développement de la vie organique.

Son aspect est luisant et d'un bleu noirâtre.

Ce dépôt comprend trois dislocations qui ont produit :

Les ardoises bleues, les ardoises vertes et le calcaire de Bala.

Les catastrophes terrestres recommencent et le terrain précédent est soulevé. A ces cataclysmes succède le calme, qui amène de nouveaux dépôts.

Terrains silurien et dévonien : première création.

Le *terrain silurien* est formé par de nouveaux sédiments déposés par les eaux. De nouveaux schistes noirs ou charbonneux sont formés; ce sont eux qui produisent les ardoises des Ardennes, ainsi que quelques couches de calcaire dans lesquelles on trouve les premiers débris connus de la vie organique de la terre.

Une partie du terrain silurien est soulevée, et, au-dessus de celle qui ne l'est pas un nouveau dépôt forme le terrain dévonien, composé des débris du précédent. Formation de l'anthracite et des premiers marbres par le métamorphisme.

Si dans un laboratoire on soumet la craie (calcaire) à une haute température, la craie se trouve par ce fait tranformée en marbre; c'est ce phénomène qu'on nomme le métamorphisme.

Dans les révolutions terrestres, il est arrivé souvent que le calcaire s'est trouvé en contact avec une haute température, provenant, soit de la chaleur centrale, soit même de roches ignées en éruption; dans l'un comme dans l'autre cas, le métamorphisme en a fait du marbre.

Et la végétation exposée à cette même température fut transformée en combustible nommé anthracite, combustible analogue au charbon de terre, mais plus sec, plus brillant et moins enflammable; l'anthracite ne brûle qu'en grande quantité et sans flamme.

La vie commence à apparaître sur la terre, on y voit déjà des algues et des fucus dans les mers; des roseaux et des fougères arborescentes sur les terres. Ce sont ces plantes qui ont produit l'anthracite dont nous venons de parler.

La vie animale est peu variée, mais déjà assez compliquée : on y trouve des tribolites, des poissons et des polypes.

2° Époque carbonifère

Terrain houiller : Chaque soulèvement produit nécessairement des débris considérables, composés des terrains antérieurement formés; ces débris, charriés par les eaux, sont déposés au fond des mers nouvellement formées, ou au fond des anciennes qui ont survécu au cataclysme. Ces nouveaux dépôts contiennent de nouveaux fossiles qui les caractérisent.

Les fougères en arbres, les prêles arborescentes, dont la terre était couverte avec d'autres plantes, ont formé d'immenses dépôts; carbonisées, comme les anthracites, elles ont produit partout de grands amas de combustible connu sous le nom de houille ou de charbon de terre.

Les grands sauroïdes, moitié poissons, moitié reptiles, sont nés; les tribolites ont disparu; on rencontre beaucoup de coraux dès cette époque.

Le calcaire et l'anthracite de l'époque précédente, mélangés ensemble, ont produit le calcaire carbonifère; quelquefois ce calcaire a été soumis à une haute température, dans ce cas il s'est métamorphosé en marbres noirs de Dinan ou en marbre gris de Sainte-Anne.

Végétation prodigieuse et luxuriante partout; elle prospère sous l'influence d'une chaleur ultra-tropicale assez uniforme et d'une excessive humidité.

La chaleur centrale, bien diminuée à la surface du sol, commence à laisser sentir l'influence de la chaleur solaire vers les pôles de la terre; les saisons vont bientôt s'y établir.

Une dislocation nouvelle forme de nouveaux débris qui produisent des dépôts alternatifs de poudingues et de grès houiller, de schiste et d'argile; on y trouve les premières coquilles d'eau douce.

La durée de la formation du terrain carbonifère a dû être bien longue. Un de nos savants a calculé que le charbon de terre que toutes nos forêts actuelles pourraient produire, ne formerait qu'une couche de seize millimètres en cent ans, dans nos houillères en exploitation.

On connaît des bancs de houille qui ont trente mètres d'épaisseur; pour les former dans les conditions sus-indiquées il faudrait mille huit cent soixante-quinze siècles.

Nouveaux soulèvements, nouvelles catastrophes qui amènent des formations nouvelles.

3° Époque pénéenne et du Trias

Terrain pénéen et *terrain du trias :* La révolution terrestre qui amène le dépôt de ce terrain, détruit la vie précédente et elle en introduit une nouvelle dans le monde : on voit apparaître sur la terre des reptiles voisins des iguanes et des monitors; grands sauriens moitié lézards et moitié crocodiles; des coquilles nouvelles, et les premiers oiseaux grands comme des autruches; des grenouilles grosses comme des bœufs, et beaucoup de poissons.

La végétation présente des conifères pour la première fois.

Toutes les eaux de la terre sont encore tièdes et l'humidité est excessive; l'influence de la chaleur centrale commence à diminuer considérablement; les saisons d'été et d'hiver sont établies dans la région des pôles terrestres; la chaleur solaire y règne sans conteste.

Les terrains des époques précédentes formaient ce qu'on nommait le terrain de transition; on avait remarqué que bien qu'ils fussent des terrains sédimentaires formés par dépôts et stratifiés comme les autres, ils contenaient cependant des roches cristallisées, qu'on croyait d'origine ignée, comme les marbres, les schistes, etc. Aujourd'hui qu'on sait que ces roches sont dues aux accidents du métamorphisme, on a dû abandonner cette dénomination qui devenait impropre et pouvait induire en erreur.

A partir de cette période, la matière ignée éruptive va perdre de sa puissance et se modifier; les trachytes et les basaltes, etc., vont succéder aux granits et aux porphyres; ces nouvelles éruptions ne seront plus régulières, elles ne seront qu'accidentelles.

Nouvelle dislocation, nouvelle formation.

4° Époque jurassique

Terrain jurassique : Nous sommes à la période des poissons et des reptiles énormes : les premiers mammifères terrestres (Marsupiaux) et aquatiques (cétacés), sont introduits sur la terre, ainsi que les premiers insectes et des sauriens volants.

La végétation est d'une luxuriante proportion, et les conifères se multiplient partout; fleuves d'une grande puissance, humidité générale. La température des zones tempérées de la terre est encore très-élevée; les climats solaires sont établis dans les hautes latitudes, et les pôles déjà froids deviennent de puissants condensateurs; la neige y apparaît pour la première fois.

C'est l'époque des ptérodactiles à longs becs, des ichthyosaures, des plésiosaures, etc., etc.

Révolution nouvelle, dépôt nouveau.

5° Époque crétacée

Terrains crétacés : Les grands reptiles et les sauriens de l'époque précédente ont disparu; ils sont remplacés par des squales de vingt-cinq à trente mètres de longueur; on trouve des reptiles marins et fluviaux, des crocodiles et des tortues d'eau douce. L'iguanodon et les premiers oiseaux échassiers appartiennent à cette période.

Multiplication des conifères et des plantes dicotylédones.

L'influence de la chaleur centrale bien diminuée va disparaître de la terre.

Nouvelle grande catastrophe terrestre, dislocation et soulèvement du terrain crétacé, crise des plus violentes : les Pyrénées, les Apennins, les Balkans, les Alpes Juliennes et les monts Karpathes surgissent du fond des mers et produisent d'épouvantables inondations.

6° Époque du terrain parisien

Toutes les sources sont encore thermales, grâce à la chaleur centrale de la terre qui ne se fait presque plus sentir à la surface de notre planète. A cette époque la flore de l'Europe se rapprochait beaucoup de celle qui existe actuellement dans la zone équatoriale; les forêts de palmiers abondaient en France et en Angleterre à côté des plantes dicotylédones plus ou moins analogues à nos chênes et à nos ormes d'aujourd'hui.

Les grands sauriens ont complétement disparu; les crocodiles peuplent les principaux fleuves de l'Europe et tous ceux de la France; les fougères arborescentes avec les palmiers étaient partout.

Apparition des oiseaux et des mammifères herbivores; les carnassiers ne se montreront qu'à la fin de cette période; poissons se rapprochant beaucoup de ceux de notre époque.

Le paleotherium, moitié cheval et moitié tapir, l'anoplotherium et d'énormes tortues, etc., sont créées.

Les climats et les saisons dues à l'influence solaire ont établi leur empire; la chaleur centrale va disparaître de la surface de la terre; la vie organique va se modifier pour se mettre en harmonie avec les circonstances nouvelles; les anciens types vont disparaître et faire place à de nouveaux, appropriés aux milieux qu'ils sont destinés à habiter.

Révolution nouvelle, mais circonscrite.

7° Époque de la Molasse

Terrain de la Mollasse : Ce nouveau dépôt produit les grès de Fontainebleau, les faluns de Touraine, etc. ; c'est la période du dinotherium, du mastodonte, du rhinocéros, de l'hippopotame, des mammouths, des singes, des castors et des écureuils, tous animaux d'un ordre supérieur qu'on retrouve encore aujourd'hui pour la plupart, mais avec des dimensions bien inférieures aux animaux d'autrefois.

Nouveaux soulèvements, nouvelles catastrophes : la Molasse, les Alpes occidentales, le Mont-Blanc, le Mont-Rose, etc., surgissent du fond des mers, et le terrain subapennin se dépose.

8° Époque subapennine

Terrain subapennin : Cette période introduit dans la vie les carnivores : ours, hyène, chat, chien, loup, etc. ; et les herbivores : éléphant, cheval, bœuf, cerf, buffle, mégathérium, etc.

Continuation du refroidissement lent et successif de la terre.

Cataclysme nouveau : les Alpes principales sont soulevées entre le Saint-Gothard et l'Autriche ; un nouveau soulèvement des Andes, de la grande Cordillière de l'Amérique, paraît aussi se rapporter à cette période remarquable ; peut-être est-ce aussi l'époque de l'effondrement du continent dont l'Océanie ne présente plus que les ruines, et de l'anéantissement de la grande terre Atlantide dont les prêtres égyptiens avaient gardé le souvenir que nous a transmis le grand philosophe grec Platon ?

Les masses d'eau soulevées et chassées de leur lit ont occasionné une inondation presque universelle ; elles ont ravagé et détruit toute la vie organique développée sur la terre ; les hauts plateaux de l'Asie centrale, de l'Arménie et de l'Afrique furent seuls à l'abri de cette inondation, ainsi que les hautes terres de l'Amérique et de l'Océanie.

Il est très-probable que c'est à ce cataclysme que se rattache le Déluge dont tous les peuples civilisés de l'antiquité ont gardé le souvenir.

Toute la terre a été affectée par ces catastrophes : *dépôt du diluvium.*

9° Époque du diluvium

Terrain du diluvium : La terre prend sa forme, son relief et son climat actuel ; elle se refroidit subitement ; les palmiers et toute la végétation des pays chauds dont elle était couverte disparaît de l'Europe en même temps que les éléphants, les rhinocéros, les panthères, etc., et la faune et la flore qui existaient alors sont remplacées par la flore et la faune d'aujourd'hui.

Des quantités énormes d'eau sont déplacées ; elles sillonnent et ravagent les terres dans toutes les directions où elles s'écoulent ; elles arrachent, balaient et transportent avec elles des quantités incroyables de matières et de débris, qu'elles déposent ensuite dans un moment plus calme : ce sont ces dépôts qu'on nomme diluvium (1).

Le diluvium est composé de deux étages : les alluvions anciennes et les alluvions modernes.

La chaleur centrale de la terre a perdu toute influence à la surface de notre planète ; seule, la chaleur solaire y règne, elle y a établi les saisons actuelles.

Après le diluvium, notre planète clôt ses grandes révolutions ; elle entre dans une époque de repos relatif ; les grands cataclysmes qui jusque là l'ont bouleversée sont finis ; l'homme va apparaître et se multiplier de nouveau ; c'est en effet à partir du diluvium qu'on retrouve des débris humains fossiles avec des restes de l'industrie de l'homme.

Quand l'homme est-il apparu sur la terre, où, et comment ? La science, impuissante à le dire, reste muette à toutes ces questions.

Cependant il existe, il est l'expression de la vie la plus complète, la plus compliquée et la plus parfaite des temps passés et des temps présents. Est-il le dernier mot du créateur ? De nouvelles révolutions ne viendront-elles pas encore anéantir la vie et la manifester de nouveau sous de nouvelles formes avec des êtres plus parfaits, plus intelligents ? En présence du passé qui oserait dire non et affirmer que la puissance créatrice est épuisée ? La pensée d'une pareille impuissance est un blasphème.

On connaît encore une petite révolution terrestre contemporaine de l'homme, c'est le soulèvement du Mont-Ténare qui donna naissance à la Morée et à l'île de Stromboli, etc. Cette catastrophe occasionna des inondations partielles, connues sous les noms de déluges d'Ogigès et de Deucation.

L'étage quaternaire contient à sa base, dans les alluvions anciennes, des débris fossiles de l'homme et de son industrie ; on les a reconnues dans ces dernières années, non-seulement dans la vallée de la Somme, mais aussi dans les alluvions anciennes de Paris ; l'existence de l'homme au moment de la révolution terrestre qui a amené la formation du diluvium est donc certaine aujourd'hui ; il est contemporain de ce grand cataclisme et il est naturel que son résultat soit resté dans les traditions de son esprit. Cette découverte fait remonter son existence à une très-haute antiquité : un de nos savants estimait, avant cette découverte, que sa présence sur la terre pouvait être reculée à une date de plus de cent mille années.

---

(1) On rencontre le diluvium dans toutes les parties de la terre.

Typogr. Ernest Meyer, 22, rue de Verneuil, à Paris.